Verena Wilske

SCHERENSCHNITTE

Brunnen-Reihe 186

Christophorus-Verlag Freiburg

So fing es an
Meine ersten hundert Scherenschnittrosetten entstanden in der Schule – heimlich unter dem Pult. Deutsch- und Geschichtsstunden waren am ergiebigsten, denken und reden kann man ja auch mit der Schere in der Hand, bei „Mathe" wurde das schon schwieriger. Gleich nach Abschluß der Schule kam dann die Idee, dieses Büchlein zu schreiben. Nach und nach begann ich die verschiedenen Techniken der Scherenschneiderei für mich zu entdecken. Oft stand „das kann ich nicht" am Anfang, und doch ist es zunächst eine Frage des Mutes und der Lust am Experimentieren, ob man sich auf unbekanntes Gebiet vorwagt. Scherenschneiderei ist ein Spiel mit einem leicht zu bearbeitenden und billigen Material.

Seit Jahrhunderten ist der Scherenschnitt als Gestaltungsmöglichkeit auf der ganzen Welt lebendig. Aus dem alpenländischen Raum sind Scherenschnitte mit volkstümlichen Motiven, oft sehr fein geschnitten und detailliert in der Darstellung, bekannt. Im 17. und 18. Jahrhundert entwickelte sich Holland zu einem Zentrum des sogenannten Weißschnittes, einem Scherenschnitt aus weißem Papier in spitzenartiger Feinheit. Das 18. Jahrhundert war die Blütezeit der Portrait- und Landschaftssilhouette in Deutschland, Frankreich und England. Die jüdische Tradition brachte Scherenschnitte von wunderbarer Feinheit und Formenstrenge hervor, in Polen hat der Buntschnitt eine Heimat, und in China ist bis heute der Scherenschnitt eine beliebte und verbreitete Gestaltungstechnik.

Der Scherenschnitt steht in einer lebendigen Tradition und findet immer neue Anhänger, gerade weil nicht nur der hochbegabte Künstler in ihm eine Ausdrucksform findet, sondern jeder, der sich an diese gestalterische Möglichkeit heranwagt.
Ich möchte in diesem Büchlein besonders auf die verschiedenen Formen des Faltschnittes eingehen, weil gerade sie mit Technik und Charakter des Scherenschnittes vertraut machen und den Weg zu freierem Gestalten öffnen. Mit Geduld, Übung und einer gewissen Geschicklichkeit gelangt man bald zu den reizvollsten Ergebnissen. In der Auseinandersetzung mit den verschiedenen Techniken wird jeder herausfinden, was ihm am meisten liegt, und wird seinen eigenen Stil entwickeln.

Glückwunschkarten, Schmuckdosen und Krimskramsdöschen sind beliebte Geschenke, die mit Scherenschnittmotiven gestaltet werden können.

Auf den Karten sehen wir zentral gefaltete Sternenmotive, zwei ausgeklappte Motive, die sich aus einer positiven und einer negativen Bildhälfte zusammensetzen. Außerdem zwei Beispiele für die Möglichkeit, aus einem ausgeschnittenen Motiv zwei Scherenschnitte zu erhalten, indem man die Reste entsprechend zum Negativ aufklebt.

Auf den Kästen Seite 5 finden sich durchwegs Zentralmotive, bis auf die beiden ganz kleinen asymmetrisch gefalteten (Mitte links und unten rechts).

Material

Als Material eignen sich viele Papiersorten: das klassische schwarze Scherenschnittpapier, dünnes, farbiges Tonpapier, weißes Zeichen- und Schreibpapier, Japanpapier, Seidenpapier u.a. Für jede Arbeit muß das richtige Papier gewählt werden. Je öfter wir falten, desto dünneres Papier verwenden wir. Sehr einfache, gradlinige Entwürfe vertragen auch groberes oder sogar kleingemustertes Papier. Reizvolle Effekte lassen sich auch mit feinstrukturiertem Papier (aus alten Tapetenbüchern) erzielen. Es lohnt sich, ein bißchen herumzuexperimentieren.

Zum Befestigen der Scherenschnitte habe ich UHU-Alleskleber und den Klebestift UHU-Stic verwendet, außerdem Tapetenkleister und den Lack Capaplex. Näheres zum Thema „Aufkleben" finden Sie auf den Seiten 26 und 28.

Werkzeug

Wichtigstes Werkzeug ist die Schere. Eine große, gerade Schere brauchen wir zum Vorschneiden der Papierstücke und zum Begradigen der Ränder, kleine gerade und gebogene (Nagel-)Scheren für das feine Ausarbeiten. Wichtig ist, daß die kleinen Scheren auch bis zur äußersten Spitze hin exakt schneiden (beim Kauf ausprobieren). Außerdem benötigen wir Zirkel, Lineal und einen weichen Bleistift.

Der einfache Faltschnitt Abb. Seite 7, 20, 21 und 30 und die Vignetten auf den Textseiten, Zeichnung 1a Seite 10.

Die einfachste und am leichtesten überschaubare Form des Scherenschnittes ist der einmal gefaltete Faltschnitt. Eine symmetrische Verdoppelung kann sich jeder leicht vorstellen, das Ergebnis unserer Schnippelei wird also kalkulierbar, während wir bei den mehrfach gefalteten Schnitten immer wieder Überraschungen erleben. Andererseits bietet gerade der einfache Faltschnitt vielfältige Möglichkeiten der Weiterentwicklung.

Ein rechteckiges Stück Papier in der gewünschten Größe wird (über die Kante eines Lineals) auf die Hälfte gefaltet. Papier mit zwei verschiedenartigen Oberflächen falten wir so, daß die rechte Seite innen liegt. Da wir nur einmal falten, eignet sich für den einfachen Faltschnitt auch kräftigeres Papier.

Der Falz bildet die Symmetrieachse für den fertigen Faltschnitt. Darauf müssen wir bei der Wahl unseres Motivs achten. Die Verdoppelung durch das Falten darf nicht zur langweiligen Wiederholung führen, sondern muß sinnvoll und notwendig ein organisches Ganzes entstehen lassen. Für den Beginn sind alle Motive geeignet, die von Natur aus symmetrisch sind, wie Herzen, stilisierte Blattformen, Bäume und Häuser ebenso.

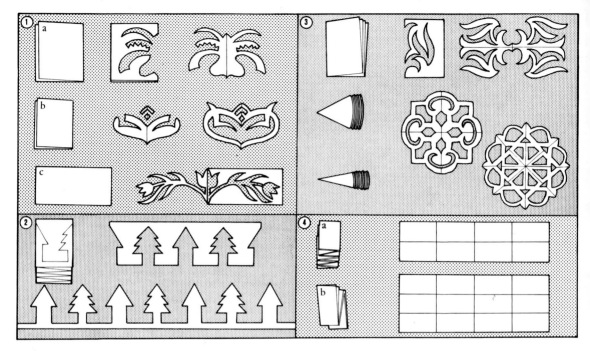

Den Entwurf skizzieren wir nun mit einem weichen Bleistift auf das gefaltete Papier. Bei den ersten Versuchen beschränken wir uns auf eine möglichst klare Linienführung. Wenn wir etwas mehr Übung haben, können wir immer feinere Details in unserer Arbeit verwirklichen. Dabei sollten wir uns aber bemühen, Einzelheiten im Entwurf lediglich anzudeuten und dann aus freier Hand zu schneiden. Der Scherenschnitt gewinnt damit erheblich an Lebendigkeit.

Wenn wir unser Motiv auf dem gefalteten Papier vorgezeichnet haben, können wir beginnen, es vorsichtig auszuschneiden. Beim Schneiden müssen wir darauf achten, daß die beiden Papierhälften auch wirklich genau übereinander liegenbleiben und sich nicht gegeneinander verschieben. Wichtig ist auch, daß wir den Falz nicht versehentlich zerschneiden, weil sonst das Motiv in unzusammenhängende Teile zerfällt.

Variationen Zeichnungen 1 b und 1 c
Den einfachen Faltschnitt kann man variieren, indem man die „Schnipsel" aufhebt, ordnet und entsprechend aufklebt. So erhalten wir das Negativ unseres Originals. Reizvolle Effekte lassen sich auch erzielen, wenn wir ein Motiv aus einfachem, ungefaltetem Papier so ausschneiden, als sei es gefaltet. Die Verdoppelung erzielen wir, indem wir die ausgeschnittenen Teile dem halben Negativ gegenüberstellen. Allerdings brauchen wir dazu Papier, das auf beiden Seiten gleich aussieht (Beispiele Seite 4).

Der Falz

Der Falz ist von so großer Bedeutung für alle Faltschnitte, daß ich ihm hier einen eigenen Abschnitt widmen möchte. Beim einfachen Faltschnitt bildet der Falz die tragende Achse. Bei den mehrfach gefalteten Schnitten entsteht aus der Anordnung der verschiedenen Falze ein Gerippe, an dem die übrigen Schmuckteile quasi aufgehängt sind. Andererseits ist der Falz, abgesehen von den Rändern, die einzige Stelle, von der aus Einschnitte begonnen werden können. Das bedeutet für den einfachen Faltschnitt, daß alle Teile des Motivs mit dem Falz, aber auch untereinander verbunden sein müssen, um nicht in lauter einzelne Stücke zu zerfallen. Bei den parallel gefalteten Schnitten muß das Motiv eine durchgehende Verbindung von einer Falzseite zur anderen bilden. Für die Sterne und Rosetten gilt, daß grundsätzlich nicht von dem einen Falz zum anderen durchgeschnitten werden soll, außer wenn die äußere Umrißlinie geformt oder die Mitte herausgeschnitten werden soll. Das Spiel mit den Falzlinien, die – durchbrochen und fein zergliedert – doch alles verbinden, ist äußerst vielseitig.

Zu den Zeichnungen rechts

Hier sind je ein richtiger und ein falscher Entwurf einander zugeordnet. Das oberste Bild zeigt einen einfachen Faltschnitt. Fehler: Die Punkte schweben frei in der Luft, sie fallen als isolierte Teile heraus. Die Zierlinie an der Vase beginnt und endet am Falz, das innere Teil fällt heraus, anstelle einer Verzierung ist ein großes Loch.
Der Fehler im zweiten Bild: Die Männchen sind alle vereinzelt, die Frauchen dagegen halten sich an den Händen und bilden eine lange Schlange.
Bei den beiden letzten Bildern sind die einzelnen Motivteile nicht verbunden und zerfallen in lauter lose Stückchen.

Für diese Windlichter wurden kleine Rosetten auf Transparentpapier geklebt und mit transparenter Selbstklebefolie überzogen. Mit schwarzen Tonpapierstreifen wurde der obere und untere Rand verstärkt, was auch dem Windlicht die Kontrastwirkung gibt.

Mehrfach gefaltete Schnitte.
Es gibt eine Vielfalt von Möglichkeiten, das Papier mehrfach zu falten: Man kann entweder so falten, daß alle Falze parallel liegen, oder so, daß sie sich alle in einem Punkt treffen. Schließlich können wir die Falze einander auch gitterförmig oder sogar völlig ungeordnet kreuzen lassen. Nach einigen Versuchen entwickelt sich ein Gefühl dafür, wie die verschiedenen Einschnitte nach dem Auffalten wirken werden. Gerade dieses Ausprobieren ist sehr spannend, immer wieder erlebt man freudige Überraschungen, was man da wieder – vielleicht ganz unbeabsichtigt – geschaffen hat.

Parallel gefaltete Schnitte
Abb. Seite 31, Zeichnung 2 Seite 10
Auf einem schmalen Streifen Papier zeichnen wir mit Bleistift und Lineal im Abstand von einigen Zentimetern parallele Linien ein. An diesen Linien wird das Papier gebrochen, und zwar so, daß immer abwechselnd auf und ab gefaltet wird. So entsteht eine Art Ziehharmonika. Für unseren Entwurf wählen wir ein Motiv, bei dem die häufige Wiederholung nicht sinnlos wirkt. Die Püppchenschlange kennen viele schon seit Kindergartentagen. Wie wäre es mit einer Blümchenwiese als Urlaubsgruß? Oder einer ganzen Reihe kleiner Tännchen für einen, der den Wald vor lauter Bäumen nicht mehr sieht?

Der Entwurf wird nun so auf den gefalteten Streifen aufgezeichnet, daß er an den beiden Seiten den Falz berührt, und dann sorgfältig ausgeschnitten (Beispiel Seite 31).

Zentrisch gefaltete Schnitte
Abb. 4. Umschlagseite, Seite 12, 13, 15 und 19, Zeichnung 3 Seite 10
Zentrisch gefaltet bedeutet, daß alle Falze in einem Punkt zusammenlaufen. Ausgangsform ist ein Quadrat oder ein Kreis. Wenn wir nur zweimal falten, nehmen wir ein quadratisches Stück Papier. Es wird auf die Hälfte gefaltet und dann quer zu dem ersten Falz noch einmal halbiert. Wir erhalten wieder ein Quadrat, das an zwei Rändern offen ist und an zwei Rändern Falze aufweist. Wo die beiden gefalteten Ränder zusammentreffen, ist die Mitte des Motivs.
Wenn wir mehrfach falten, ist unsere Grundform ein Kreis oder ein Quadrat. Diese wird zuerst genau halbiert und quer dazu ein zweites Mal gefaltet. Dieser Viertelskreis wird nun auf ein Achtel gefaltet, indem wir je eine Falte nach oben und nach unten legen. Wenn wir dieses Achtel noch einmal halbieren – wieder nach zwei Seiten hin –, erhalten wir den Sechzehntelkreisabschnitt, die Grundform der Rosetten auf Seite 15. Für die Gleichmäßigkeit des Scherenschnittes ist es wichtig, so genau wie möglich zu falten, wenn die Ergebnisse befriedigen sollen.

Wenn wir die Grundform gefaltet haben, beginnen wir mit dem Schneiden. Während wir beim einfachen Faltschnitt unseren Entwurf vorzeichnen, können wir bei den mehrfach gefalteten Schnitten auf die Vorzeichnung weitgehend verzichten. Statt dessen müssen wir allmählich ein Gefühl dafür entwickeln, welche Formen durch unser Schneiden entstehen. Eine Möglichkeit ist es, einfach drauflos zu schneiden und sich von dem Ergebnis überraschen zu lassen. Oder aber wir falten jedesmal, wenn wir ein Schnipselchen herausgeschnitten haben, die Grundform auf und sehen uns an, wie sich dieser Ausschnitt durch die Faltung wiederholt. So lernen wir – auf zunächst etwas umständliche Art und Weise – um so schneller abzuschätzen, was der jeweilige Einschnitt bewirkt.

Als erstes bestimmen wir die äußere Umrißlinie. Dazu werden die offenen Ränder beim Quadrat, die Bogenlinie beim Kreis bearbeitet. Die Einschnitte von den Falzen her gliedern das Innere der Form. Wenn wir die Spitze abschneiden, entsteht eine offene Mitte. Wir schneiden so viel heraus, daß nur noch ein Gerippe aus schmalen Stegen und einigen Flächen übrigbleibt. Dieses entfalten wir nun so vorsichtig, daß keiner der Stege abreißt. Der fertige Scherenschnitt wird nun flachgedrückt und gepreßt.

Leiter- oder gitterförmig gefaltete Schnitte
Zeichnung 4a und 4b, Beispiele: Seite 22
Für diese Falttechnik können wir nur sehr dünnes Papier verwenden, weil es sehr häufig gefaltet wird und sonst nicht mehr gut geschnitten werden kann. Wir falten einen rechteckigen Papierstreifen einmal der Länge nach auf die Hälfte, zeichnen dann quer zu dem Falz in kurzen Abständen parallele Linien ein und falten an diesen das Papier wie bei den parallel gefalteten Schnitten auf und ab. Die Falze müssen genau übereinander liegen, damit ein exaktes Schneiden möglich wird. Die Einschnitte können wir nun von allen Seiten her vornehmen, müssen aber darauf achten, daß an drei Seiten Falze liegen und nur an der vierten Seite die Ränder offen sind. Es entstehen spiegelsymmetrische Bänder, deren Muster sich in der Längsrichtung in regelmäßigen Abständen wiederholen. Wenn wir gitterförmig falten, werden zuerst in der einen Richtung parallele Linien auf ein rechteckiges Stück Papier gezeichnet und das Papier entlang diesen Linien auf und ab gefaltet. Dieser Vorgang wird dann im rechten Winkel wiederholt. Wir erhalten eine symmetrisch gemusterte Fläche. So gestaltete Muster eignen sich gut als Schablonen und Vorlagen für verschiedene Drucktechniken oder zum Schmücken größerer Flächen.

Asymmetrisch gefaltete Schnitte siehe Zeichnung unten.
Beispiele: 2 Kästchen auf Seite 5, die einzelnen Teile der Collage auf Seite 9.
Schließlich können wir die Falze auch ganz ungeordnet anlegen. Wir wählen dazu eine klare Grundform, etwa einen Kreis, ein Oval, ein Quadrat oder ein Rechteck, und falten sie kreuz und quer in beliebigen Winkeln. Beim Schneiden können wir außerdem einige der Falze einmal geöffnet, ein andermal geschlossen bearbeiten. Es entsteht eine eigenwillige Arbeit, in der sich Symmetrie und Zufall auf sinnvolle Weise ergänzen.

Freie Scherenschnitte Abb. Seite 3
Beim freien Silhouettenschneiden muß vor allem beachtet werden, daß beim Scherenschnitt nur Umrißlinien dargestellt werden können und perspektivisches Gestalten weitgehend unmöglich ist. Am besten ist es, auch hier mit einfachen Motiven zu beginnen. Das Schneiden von Portraitsilhouetten kann man mit der alten Methode ausprobieren, indem man mit Hilfe einer hellen Lampe den Profilschatten einer Person an eine Wand wirft, an der ein Blatt Papier befestigt ist. Der Schatten wird dann auf dem Papier einfach nachgezeichnet. Zunächst kann man seine Portraitsilhouetten nach solchen Vorlagen schneiden, später gelingt es vielleicht direkt nach dem Modell oder aus der freien Vorstellung heraus. Ebenso kann das Schneiden von Landschaften oder Pflanzen zuerst nach Vorlagen probiert werden und später aus freier Hand.

Mehrfarbige Scherenschnitte siehe Zeichnung, Abb. Seite 8, 16, 25, 29 und Umschlagseiten
Für mehrfarbige Scherenschnitte werden mehrere farblich aufeinander abgestimmte Papierstücke übereinandergelegt und gleichzeitig geschnitten. Beim ersten Arbeitsgang werden nur grobe Umrisse geschnitten. Dann wird das Stück, das zuunterst liegen soll, weggelegt und die übrigen ein zweites Mal, etwas kleiner und mit feineren Details geschnitten, wieder ein Stück weggelegt, und so fortgefahren bis zum letzten Papier. Die einzelnen Teile werden mit UHU-Alleskleber oder UHU-Stic falzgerecht übereinandergeklebt. Manchmal ist es auch sinnvoll, die Grundform allein zu schneiden und die bunt zu überklebenden Teile durchzupausen. Mit den bunten Papierstücken wird dann ebenso verfahren wie oben beschrieben.

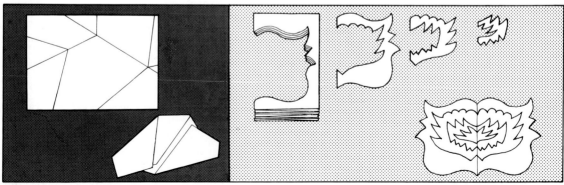

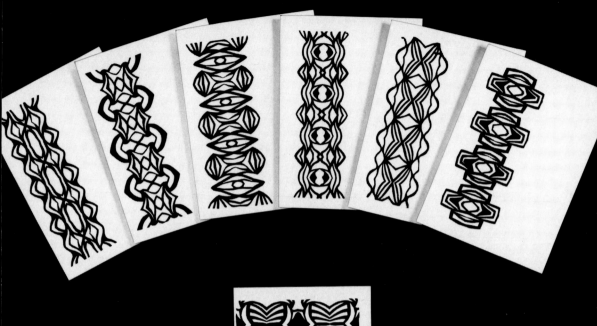

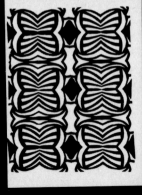

Die Ostereier auf Seite 24 wurden einfarbig grundiert, mit Lack (siehe Seite 26) überzogen und dann mit winzig kleinen Rosetten und anderen Scherenschnittmotiven beklebt. Das Seidenpapier wird von dem Lack feucht und läßt sich dann leicht den Rundungen des Eies anpassen. Nach dem Trocknen des ersten Lacküberzugs wird das ganze Ei nochmals überlackiert.

Aufkleben der Scherenschnitte

Jeder Scherenschnitt sollte auf eine Unterlage aufgeklebt werden. Dazu gibt es je nach Material und Verwendungszweck verschiedene Methoden. Zunächst müssen wir zwischen Scherenschnitten unterscheiden, die aus dünnem Papier geschnitten sind, und solchen, die aus kräftigem Material hergestellt sind. Die Scherenschnitte aus sehr feinem Papier, wie z. B. Seidenpapier oder Japanpapier, brauchen einen Hintergrund, der ihnen Stabilität gibt. Es eignet sich starkes Tonpapier, einfarbiger Karton, dünne Pappe und anderes.

Zuerst muß das fertig ausgeschnittene Motiv gut gepreßt werden. Scherenschnitte aus Seidenpapier sind meist schon nach einem Tag glatt genug, Schnitte aus dickerem Papier müssen länger gepreßt werden.

Ich will hier die wichtigsten Klebemethoden näher beschreiben:

Scherenschnittarbeiten, die als Bild aufgehängt werden sollen oder sogar unter Glas kommen, brauchen nur an einigen Stellen auf der Unterlage fixiert zu werden. Dies geschieht am besten mit UHU-Alleskleber. Sehr gern habe ich aber auch mit UHU büro fix gearbeitet, der sich vor allem für sehr dünnes Papier eignet. Das Motiv wird so auf die Unterlage aufgelegt, wie es später festgeklebt werden soll. Seine Stellung wird ganz vorsichtig mit Bleistift markiert, damit wir es beim Aufkleben sofort an die richtige Stelle legen. Der Scherenschnitt wird jetzt von hinten an den wichtigsten Stellen mit UHU-Alleskleber oder UHU büro fix betupft und dann vorsichtig auf die Unterlage aufgedrückt.

Bei kleinen Motiven geht das in einem Arbeitsgang, größere müssen nach und nach befestigt werden. Da nicht alle Teile fest auf dem Untergrund haften, wirkt der Scherenschnitt sehr plastisch und lebendig. Allerdings bleibt die Arbeit eben aus dem beschriebenen Grund auch nach dem Aufkleben empfindlich.

Besser geschützt ist der Scherenschnitt, wenn er völlig auf dem Untergrund haftet. Dazu lösen wir Tapetenkleister nach Vorschrift auf, und zwar in der angegebenen Konzentration für schwere Tapeten. Wenn der Kleister genügend gequollen ist, wird er mit einem breiten Pinsel auf den gesamten Untergrund aufgetragen, das Motiv auf die entsprechende Stelle aufgelegt und mit den Fingerspitzen angedrückt. Es empfiehlt sich dabei, rasch zu arbeiten, weil das Papier quillt und wellig wird. Diese Methode habe ich vor allem beim Aufkleben kleinerer Motive auf Briefköpfe und Karten angewandt. Scherenschnitt und Untergrund sollten allerdings nicht feiner als normales Schreibpapier sein. Beim Trocknen zieht sich das Papier wieder zusammen und haftet nun glatt und fest auf dem Untergrund. Der überstehende Kleister trocknet nahezu unsichtbar.

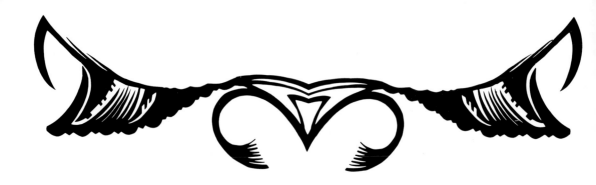

Zum Aufkleben von Motiven aus sehr feinem Material eignet sich UHU-stic. Man überstreicht die entsprechende Fläche auf dem Untergrund mit dem UHU-stic, legt das gepreßte Motiv glatt auf und drückt es leicht an. Allerdings trocknet der UHU-stic auf dem freibleibenden Grund nicht völlig unsichtbar.

Zwei Methoden, Scherenschnitte dauerhaft auf Gebrauchsgegenstände zu bringen, seien hier genannt: Die eine entdeckte ich während der Arbeit für dieses Büchlein; ein freundlicher Drogist gab mir den entscheidenden Tip: Ein Lack auf Leimbasis (Capaplex) wird auf den Untergrund aufgetragen, der Scherenschnitt auf den feuchten Lack gelegt und leicht angedrückt. Das Ganze wird nach dem Trocknen ein zweites Mal mit Lack überzogen. Diese Methode eignet sich gut auf festen Materialien wie Holz, Eierschalen etc. Der Scherenschnitt liegt so geschützt zwischen den beiden Lackschichten und wird von der Kleberkomponente des Lackes gehalten.

Wenn der Scherenschnitt einen häufig benützten Gebrauchsgegenstand schmücken soll, können wir ihn auch mit transparenter Selbstklebefolie überkleben. Das Motiv, das für diese Aufklebemethode nicht zu groß sein sollte, wird mit einigen winzigen Tröpfchen Klebstoff an der gewünschten Stelle auf der Unterlage festgehalten, die Klebefolie in der passenden Größe zugeschnitten und das Schutzpapier abgezogen. Das Auflegen der Klebefolie erfordert etwas Geduld und Übung. Die Folie muß auf Anhieb „sitzen", ein nachträgliches Verschieben oder Korrigieren ist nicht möglich. Außerdem führt elektrostatische Aufladung häufig dazu, daß der ganze Scherenschnitt von der Folie angezogen wird oder sich einzelne Teile „aufrichten" und zu früh an der Folie festkleben, wenn wir diese zu dicht über die Arbeit halten. Diese Gefahr besteht besonders bei sehr leichtem Papier. Wir können ihr nur begegnen, indem wir die Folie in größerem Abstand von der Unterlage halten. Das wiederum erschwert das „Zielen" beim Auflegen der Folie. Aber die Mühe lohnt sich: Der Scherenschnitt liegt nun absolut geschützt unter der abwaschbaren Folie.

Als weitere Möglichkeit bietet sich auch an, Motive aus Klebefolie zu schneiden und nun direkt auf den Untergrund zu kleben. Am besten löst man dabei das Schutzpapier nicht auf einmal von dem fertigen Motiv, sondern Stück um Stück, damit das Motiv sich nicht in sich verklebt.

Säuglingsstation

Eines davon ist unseres
Ines, geb. 4.7.76

Wir sind in
    Urlaub gefahren

Soooviel Kuchen gibt's,
wenn Du zu meinem
Geburtstag kommst!

Papier in vielen Formen

Eine Auswahl weiterer Bändchen der Brunnen-Reihe